PAYSAGE DU NATAL

LES DERNIERS BOERS

I

Le Natal est aujourd'hui ce que sera peut-être le Transvaal demain : un pays de Boers sur lequel l'Angleterre a fait main basse. Il est donc utile et actuel d'étudier l'histoire de cette annexion dans ses origines, ses résultats et ses conséquences au moment même où le sort des derniers Boers indépendants va se décider.

On sait que les Anglais, depuis leur premier établissement au Cap, il y a plus de cent ans, s'y sont trouvés en conflit avec les anciens colons hollandais qu'ils ont successivement refoulés devant eux. En même temps, pour réaliser leur dessein de s'emparer de toute l'Afrique australe, ils eurent à lutter contre les races indigènes : Hottentots, Cafres, Zoulous, Matabélés. Les divisions intestines de ces nombreuses tribus, fréquemment en guerre entre elles, favorisèrent la conquête britannique. Les plus redoutables de ces indigènes furent les Cafres et les Zoulous. La Cafrerie, maintenant disparue comme nation, était, au milieu de notre siècle, un vaste royaume qui s'étendait de la baie d'Algoa à la baie de Delagoa, et embrassait tout le territoire occupé actuellement par le sud du Transvaal et du pays de Gaza, en y comprenant Lourenço Marquez, la moitié est de la République d'Orange, le Swaz'iland, le Zoulouland, Natal, l'est du Griqualand, le Pondoland et le Bassoutoland. Les trois cent mille habitants établis là entre les monts Drakenberg et l'Océan constituaient une proie pour les Anglais. C'était une population dense, très guerrière, toujours en armes et pouvant mettre sur pied jusqu'à 45.000 combattants. Les autres s'adonnaient à l'élève du bétail et des moutons dans leurs pâturages d'une richesse sans rivale. Les Européens étaient pour eux des ennemis dont ils dévastaient les récoltes, enlevaient les troupeaux, massacrant les colons après avoir ravagé la colonie. Les Anglais du Cap n'eurent pas de peine à vaincre ces assaillants. La première émigration des Boers, en 1834, leur facilita la tâche. Le *trek* qui s'arrêta au Natal permit la mainmise sur toute la partie de la Cafrerie au sud et au delà des monts Drakensberg. Une fois sa frontière franchie, le Cap ne tarda pas à rejoindre les Boers. Ceux-ci en arrivant dans la riche contrée du Natal, où ils espéraient trouver la terre promise, avaien rencontré une des grandes familles Cafres, les Zoulous, qui s'étaien opposés à leur passage. Le roi des Zoulous, Dingaan, attira dans u. piège Peter Retief, colon d'origine française, qui dirigeait le *trek* boer Retief et la plupart de ses compagnons furent égorgés dans le Kraa royal, près d'Est-Court, sur le torrent de la Couronne Bleue qui, roug de sang humain, reçut plus tard le nom de Ruisseau du Meurtre. Le Boers, à la nouvelle de ce massacre, se concentrèrent, attaquèrent l Kraal de Dingaan, le cernèrent, perdirent beaucoup de monde, revinren à la charge, livrèrent bataille sur les bords du *Bloed River* (Rivière d Sang), battirent Dingaan en deux rencontres et restèrent maîtres des posi tions, grâce à Pando, frère du roi zoulou, qu'il tua pour prendre s place en se reconnaissant vassal des Hollandais.

Cette issue fut plutôt funeste aux Boers vainqueurs. La défaite de Zoulous débarrassait, en effet, les Anglais d'un obstacle à leurs propre projets. Pendant la collision entre les Boers et les indigènes, le Ca s'était avancé sur la côte jusqu'au point où sont situés Port-Élisabeth e East-London. La toile d'araignée britannique touchait ainsi au Natal Ce dernier pays, dépeuplé par les tueries du roi des Amazoulous, le terrible Tchaka, avait fait appel à l'intervention anglaise en 1824, avant le *trel* des Boers. Deux officiers de l'armée britannique, King et Farewell, avaien fondé la station de Durban (Port-Natal). C'était un jalon planté en atten- dant les événements. Dingaan, successeur de Tchaka, et non moins cruel que lui, avait ravagé la colonie anglaise et obligé les colons à se réfu- gier les uns dans une île voisine, les autres sur un bâtiment anglais. Mais le Cap n'en gardait pas moins ses prétentions sur Natal en excipant des droits de premier occupant européen. Aussi lorsque les Boers eurent vaincu les Zoulous, le gouverneur du Cap, Napier, sous prétexte de pro- téger les indigènes, s'empressa-t-il de prendre possession de Durban et d'y installer une garnison de 250 hommes. Les Boers la délogèrent, mais le Cap envoya aussitôt des renforts contre lesquels les colons Hollandais mal armés et mal disciplinés furent impuissants. La capitulation de Durban (5 juillet 1840) fut le signal d'une nouvelle émigration des Boers qui franchirent le Drakenberg et se dirigèrent dans l'intérieur vers les régions arrosées par le Vaal qu'ils franchirent pour s'établir au delà, d'où le nom de *Transvaal*. Eux partis, l'annexion du Natal se fit d'au- tant plus promptement que le Cap avait dans le même temps enlevé à la Cafrerie toute sa partie sud jusqu'à la Kei-River et placé sous son protec- torat le Griqualand Est, le Pondoland, le Tembouland, le Transkei, en promenant partout le fer et le feu.

De 1840 à 1856, les Anglais s'occupèrent de cimenter leur autorité à Pieter-Maritzburg et à Durban, d'y façonner la population aux usages coloniaux de la métropole. Plus jeune de deux siècles que la colonie du Cap, Natal, déserté par les Hollandais, ne conserva point l'empreinte des Boers, qui n'y avaient fait qu'un assez court séjour ; mais, rebelle à l'in- corporation ou à l'absorption, il se refusa à accepter une suprématie dans laquelle il ne voyait qu'une tyrannie politique et commerciale. L'ex- pansion de la grande colonie dans l'Afrique australe n'inspira qu'envie et jalousie à la petite colonie, qui se vit lésée économiquement lorsque le Cap prétendit détourner à son profit exclusif le commerce du Transvaal et de l'Orange. Il en résulta une rivalité d'intérêts qui se changea progressivement en antagonisme. Natal, au lieu de se rapprocher du Cap, visa, d'abord secrètement, puis ouvertement, à une alliance avec les Boers, ennemis naturels de l'Angleterre. Comme de juste, les Boers allèrent au devant de ces sympathies qui concordaient avec leurs intérêts. Ils encouragèrent Natal dans son refus d'entrée dans l'union douanière dont le Cap avait pris l'initiative ; ils le soutinrent dans la guerre de tarifs de chemins de fer faite au Cap, dans son attitude d'isolement et d'opposition. Pendant que le Transvaal s'occupait de reculer ses bornes jusque dans le pays de Swazi, ils laissèrent Natal s'allonger dans le pays de Gaza et prendre ce grand territoire situé entre la rivière Oumtantouma et celle d'Oumzikoulou, territoire qui n'appartenait, suivant les Anglais, à personne et que pour cette raison on appelait *No Man's Land*.

Cet agrandissement territorial qui tend à englober le Zoulouland ne pouvait qu'accentuer l'esprit d'autonomie de Natal, dont le rêve était de s'émanciper de la mère-patrie (aujourd'hui cette émancipation est un fait accompli). La métropole conféra à Natal la majorité politique, et en cessant d'être mineure sous tutelle, la petite colonie, pouvant désormais se gouverner elle-même, développer son commerce, créer des villes, construire des chemins de fer, veiller à ses destinées, avoir une activité personnelle, engageant sa responsabilité, mais la laissant juge et maîtresse de ses moyens, a été toute fière de prendre rang parmi les États de l'Afrique australe. Avec ses 48,500 kilomètres carrés de superficie, sa population de 584,000 habitants, dont 35,909 Européens, 35,500 Indiens 410,000 indigènes, Cafres-Zoulous (ceux ci restant sous la juridiction anglaise), Natal peut espérer en l'avenir. Ses recettes budgétaires sont de 1.109,780 livres sterling, ses importations de 2,469,803 livres sterling, ses exportations de 1,318,502 livres sterling, son tonnage de 1,570,066 de navires entrés ou sortis.

Natal se compose de trois régions ou zones : celle du littoral, celle des plateaux, celle des montagnes et pâturages. En arrière de celle-ci, se dressent les montagnes qui forment le fond du décor : la chaîne du Drakenberg, dont les nombreux torrents, *Omzikoulou* au sud, la *Tugela* au nord, irriguent le pays. Les villes principales sont Pieter-Maritzburg, qui a 15,700 habitants, et Port-d'Urban ou Durban (17,200 habitants), qui est le principal centre de la colonie.

Le Natal est aujourd'hui relié à Johannesburg par un chemin de fer. « C'est, dit M. Foa, le pays le plus beau que l'on puisse trouver dans le sens pittoresque et artistique du mot. Le long des routes, des goyaviers, des palmiers, des bambous gigantesques, des plantations de bananiers à perte de vue, des plus variés, des flamboyants au milieu de mimosas divins, tandis que, dans l'éloignement, apparaissent, moins définies, de grandes collines d'un vert bleu. Pour animer le décor quelques coolies au teint bronzé, leurs longs cheveux noirs flottant au vent, regardent la locomotive suivie des wagons traverser la verdure et s'éloigner comme un grand boa dans le gazon... Durban, situé au fond d'un joli golfe qui reçoit la rivière Oumgéni, a une grande importance depuis qu'on y a établi des chantiers de construction, de réparation des navires ; c'est non seulement le centre d'un commerce considérable, mais l'une des portes du Transvaal, l'autre étant Lourenço-Marquez, que les Anglais avec leur manie de débaptiser même les villes étrangères ont appelé Delagoa-Bay. »

II

Or, ces deux portes, les Anglais les fermeront dès que la guerre éclatera avec les Boers. En réalité, elles sont déjà fermées, car les Portugais à qui appartient Delagoa se sont refusés, sur les instigations de l'Angleterre, à laisser de leur côté la communication ouverte au Transvaal, et Natal, malgré ses bonnes intentions pour Pretoria et pour Oom-Paul (le président Krueger), reste neutre, ne voulant pas s'attirer les colères britanniques. Il est donc possible, si le Cap fait cause commune avec M. Chamberlain, — ce qui n'est pas encore dans les combinaisons de l'échiquier, — que les Boers se trouvent menacés d'un blocus continental qui leur serait fatal.

Nous avons déjà dit notre pensée sur le dénouement de la querelle suscitée au Transvaal par l'Angleterre. Les événements qui se déroulent ne font que confirmer nos prévisions; malgré tout leur courage, toute leur prudence, toute leur expérience stratégique, les Boers succomberont s'il n'y a point pour les aider un *Deus ex machinâ*.

Mais ce *Deus* peut surgir. L'Afrique du Sud en formant un Bond, une union étroite dans laquelle n'auraient de puissance que les Afrikanders, serait en mesure de secouer le joug avoué ou hypocrite de la métropole.

Elle y aurait intérêt, car la métropole n'y a d'autre rôle que de drainer les ressources. La lutte du président Krueger non seulement pour la sauvegarde de l'indépendance politique du Transvaal mais aussi pour le maintien de l'indépendance économique, ne saurait manquer d'aiguillonner l'esprit national de tous ces colons, à quelque origine qu'ils ressortissent. Il ne serait pas impossible qu'il y eût chez eux un réveil et que l'idée de créer une grande république sud-africaine trouvât des promoteurs, des champions et des adhérents. Malheureusement il est à craindre que si cette heure sonne, il ne soit trop tard. L'Angleterre fera tous ses efforts, en arguant de la *pax britannica*, pour effacer les Boers de la carte d'Afrique comme elle en a effacé les Cafres, et sans être pessimiste, on peut prévoir que le moment approche où la vieille et réelle indépendance des colons ne sera plus qu'un vain mot.

Charles SIMOND.

UN COIN DU PORT DE DURBAN

LE NATAL

Le Paradis de l'Afrique

I

Autrefois les chars à bœufs mettaient dix à quinze jours pour franchir les cinq cents kilomètres qui séparent Charlestown de Port-Natal. Actuellement, on parcourt cette distance en moins de vingt-quatre heures, sur un des plus beaux chemins de fer du monde, qui m'a rappelé, mais sur une échelle réduite, le célèbre chemin de fer de Mexico à Vera-Cruz.

Réunir le plateau de l'Afrique australe à l'océan Indien était une entreprise presque aussi hardie que de réunir le plateau de l'Anahuac au golfe du Mexique. De part et d'autre on franchit plusieurs climats, on descend en quelques heures des saines terres froides aux terres chaudes insalubres, et on voit, dans le même jour, le pin et le palmier, le chêne et la canne à sucre. Le chemin de fer natalien n'est, toutefois, qu'une gracieuse miniature du chemin de fer mexicain, un léger chemin de fer de montagnes, à voie étroite, construit à peu de frais. On a, autant que possible, évité les tunnels, les ponts, les remblais, les tranchées ; aussi, ce ne sont que méandres, courbes et festons, qui font ressembler la voie à un immense serpent déroulant ses anneaux sur les flancs des montagnes. Un des points les plus curieux du parcours est celui connu sous le nom de *Reversing Station*, où j'ai vu opérer la même manœuvre qu'à Souram, sur le chemin de fer transcaucasien : en cet endroit, la voie, au lieu de suivre une courbe en U ou en S, affecte la forme d'un Y : arrivée à la naissance d'une des deux branches de la voie, la machine est dételée, passe de l'avant à l'arrière, et le « renversement » du train s'opère sur l'autre branche, dont le hardi plan incliné vous mène en quelques minutes à mille pieds plus bas que la branche supérieure.

Pendant tout ce trajet, riche en émotions vives, il est bon, si l'on n'a les nerfs solides, de ne point plonger les yeux dans les abîmes que le train côtoie ou franchit à des hauteurs qui donnent le vertige : des abîmes vaporeux, violets, bleuâtres à force de profondeur. Quoique la machine s'avance avec une prudente lenteur, on ne peut se défendre de réflexions peu rassurantes. Mais, après tout, c'est une charmante sensation que de rouler en wagon au sortir d'un « Concord Coach ».

Ce que je ne saurais dire, c'est l'impression de ravissement dont vous saisit l'admirable changement de décor qui s'opère au delà des monts. Après les monotones et ternes horizons du plateau, une grandiose vision s'ouvre sur la terre promise : du haut des gradins du Drakensberg, on voit se dérouler une immense carte en relief, on domine à vue d'aigle un océan de montagnes et de vallées, une mosaïque d'une infinie variété, coupée de forêts d'un vert sombre, de prairies d'un vert pâle, de rivières miroitantes sur lesquelles l'œil s'égare à perte de vue, entrevoyant vaguement, aux dernières limites de l'horizon, le reflet des lueurs bleuâtres de l'océan Indien. Cette contrée enchanteresse, qui se dévoile tout entière dans une atmosphère d'une incomparable pureté, sous les flamboyantes clartés du soleil, c'est le « fair Natal », l'Italie de l'hémisphère austral, le paradis de l'Afrique. Terre poétique et parfumée, dont la vue splendide m'a causé la même inoubliable émotion que la première apparition de la Lombardie du haut du Simplon.

Les Alpes sont ici les monts Drakensberg, et elles grandissent à mesure qu'on en descend les gradins. Du haut des plaines du Transvaal, ces montagnes m'étaient apparues comme d'insignifiantes collines, en raison de la grande altitude du plateau ; mais, parvenu au pied du versant opposé, qui s'incline vers les basses régions du littoral, je pouvais mieux juger des véritables proportions de la chaîne : elle m'apparaissait maintenant comme une formidable muraille à pic qui forme l'assise du soulèvement intérieur, le grand plateau central. Sur le bord de ce piédestal surgit, çà et là, un cône coupé, un trapèze, un bastion, dont les lignes ont toute la précision des ouvrages de fortification.

La grande cordillère de l'Afrique du Sud a un aspect étrange et bizarre, et quoiqu'il lui manque la splendide auréole neigeuse des plus hautes sommités de la terre, elle a sa beauté à part, et le lumineux ciel austral lui donne une magie et une coloration qui n'appartiennent qu'à elle ; vainement on y chercherait une ressemblance avec les chaînes montagneuses qui nous sont familières : on ne peut la comparer ni aux Alpes ni aux Pyrénées, ni même au massif de l'Atlas, ces Alpes de l'Afrique du Nord ; nulle part ailleurs je n'ai vu des montagnes de cette architecture, affectant des formes aussi régulières, aussi géométriques, et, pour les caractériser d'un mot, aussi stéréotypées, car toutes peuvent se rapporter au type classique de la fameuse montagne qui surgit à l'extrémité du continent africain, *Table Mountain*.

Cette chaîne du Dragon, le « Berg » des Boers, le *Kahlamba* des Cafres, n'est qu'un tronçon de la longue chaîne qui, sous des noms divers, court parallèlement à la côte d'Afrique, sur un parcours de plus de deux mille kilomètres, depuis l'embouchure de la rivière Orange jusqu'à la grande courbe du Limpopo, en passant par le cap de Bonne-Espérance. Ses plus hautes cimes, le pic Cathkin, le château du Géant, le mont aux Sources, atteignent une altitude de onze à douze mille pieds.

La configuration du Natal m'a rappelé d'une manière saisissante celle du Mexique. Le pays s'élève depuis l'Océan jusqu'au Drakensberg par une succession de terrasses formant comme les marches d'un escalier gigantesque, et le Drakensberg constitue la base de la terrasse la plus élevée, cette ancienne mer intérieure devenue, par un énorme soulèvement, le plateau central. En descendant de gradin en gradin, tout transi encore des nuits glaciales du haut plateau, on sent peu à peu succéder aux morsures du froid les chaudes caresses d'un soleil méridional. Bienveillante nature ! Comme tu resplendis à mes yeux ! Un fluide vivifiant me pénètre à la vue de cette terre fortunée, dont la splendide végétation fait un si frappant contraste avec l'aridité du plateau. J'ai retrouvé les arbres touffus, la verdure et les fleurs dont mes yeux étaient depuis si longtemps privés, j'ai retrouvé l'été, car sous ce ciel béni du Natal il n'y a point d'hiver, et l'on peut dire que l'été y est éternel, puisqu'en toute saison on peut y semer et récolter. Ce que je ne puis me lasser d'admirer au milieu de cette végétation qui m'annonce que j'ai changé de climat, ce sont les nombreuses variétés d'aloès, aux grosses fleurs coniques d'une teinte orange ou d'un pourpre éclatant, et puis encore la grosse fleur écarlate d'une liliacée connue sous le nom de lys-feu. Puis, ce sont mille variétés de fougères, d'euphorbiacées, de cactus arborescents qui donnent au paysage une physionomie bien africaine.

Vers cinq heures du soir, un coucher de soleil d'une indicible beauté me transporte vers les sphères de l'idéal. Quand le disque, démesurément grossi, plonge derrière les hautes cimes du Drakensberg, le Natal, à l'opposite, s'embrase d'un vaste flamboiement rougeâtre ; sur le ciel en feu, à vingt lieues de distance, reparaît soudain, se découpant en lignes fines et nettes, la silhouette du mont Amajuba, enveloppée de sa funèbre auréole. Peu à peu les lueurs de l'incendie s'éteignent, et l'obscurité tombe rapidement, car sous cette latitude il n'y a qu'un fugitif crépuscule ; mais il fait déjà nuit, que le ciel a encore de magiques reflets d'un rouge intense, tels que je n'en ai vu nulle part, pas même au cap de Bonne-Espérance. Et voici que d'autres illuminations brillent dans la nuit : de loin, on dirait des mille lumières d'une ville perdue dans le désert ; mais ce ne sont que les flammes qui montent des herbes auxquelles les Cafres mettent le feu pour renouveler les pâtis : parfois ces incendies s'étendent jusqu'au bord de la voie ferrée et le train franchit les flammes à toute vapeur.

J'ai passé une nuit à Ladysmith, afin de ne rien perdre des admirables paysages que traverse le chemin de fer du Natal, et le lendemain j'ai repris le train du jour. Quoique Ladysmith soit la troisième ville de la colonie, grâce à sa situation au point de jonction des routes commerciales du Transvaal et de l'Orange, je n'y ai trouvé qu'une misérable hôtellerie où, contre toute attente, je me suis réveillé transi. C'est que Ladysmith se trouve sur une des terrasses les plus élevées du Natal : à une altitude de mille mètres, il gèle la nuit tout comme de l'autre côté des monts. Et puis, ici comme dans toute l'Afrique australe, les chambres d'hôtel s'ouvrent invariablement sur des cours dont l'air froid se glisse aisément sous la porte : on se couche par quinze degrés au-dessus de zéro, et on se réveille par cinq degrés sous zéro.

Aux environs de Ladysmith le paysage est charmant. La voie suit tous les méandres d'une rivière romantique qui rappelle les parties les plus pittoresques de la Semois ou de l'Amblève. A Colenso nous franchissons la Tugela, la plus grande rivière du Natal, qui prend naissance sur le revers oriental d'un des plus hauts pics du Drakensberg nommé par les missionnaires français le *Mont aux Sources*.

Cette région, située au cœur du Natal, fut autrefois le théâtre des horribles massacres qui ensanglantèrent les débuts de la colonie. Chaque montagne, chaque rivière, chaque ruisseau porte un nom qui rappelle quelque scène de carnage. Le massacre qui eut lieu au *Moordspruit* (ruisseau du meurtre) est resté, en Afrique australe, un aussi effroyable souvenir que le massacre de Cawnpore dans l'Inde anglaise : plus de six cents personnes y furent traîtreusement égorgées par les Zoulous sur l'ordre de leur grand chef, le féroce Dingaan, et les Boers ne connurent le sort de leurs frères que par le récit d'un Hottentot, le seul survivant de l'odieux guet-apens. On m'a montré l'endroit précis où eut lieu cette trahison, dont les Boers, quelques mois après, tirèrent une éclatante vengeance dans un combat où périrent des milliers de Zoulous.

Aujourd'hui les Zoulous se servent du chemin de fer pour par-

LA GARE DE GUEBAN

courir leurs anciens domaines. A chaque arrêt du train, on peut les voir, presque aussi peu vêtus qu'ils le sont dans leurs kraals, monter dans le wagon de troisième classe destiné aux indigènes et aux coolies. Ici, comme dans toutes les colonies anglaises, l'indigène est traité en nègre, un homme de race inférieure, et jamais je n'ai vu un Anglais voyager en troisième classe et se mêler à la population de couleur.

Longtemps avant d'atteindre Pieter-Maritzburg, j'ai aperçu la petite capitale du Natal couchée dans son nid de verdure. Les quinze derniers kilomètres de la voie offrent une différence de niveau de cinq cents mètres, et le tracé présente des courbes d'une hardiesse insensée : accoudé à la fenêtre du wagon, on peut voir à la fois la dernière courbe franchie et la courbe prochaine. On éprouve une véritable impression de soulagement quand, au bout de cette périlleuse descente, le train vous dépose à la gare, d'où un cab vous mène en quelques minutes à « Imperial Hôtel ».

II

Pieter Retief de Paarl, un descendant des Huguenots de France, et Gert Maritz, un bourgeois de Graaf Reinet, étaient les chefs des Boers qui, lors du grand exode, émigrèrent au delà des monts du Dragon et fondèrent, en 1840, la république de Natalia. A l'imitation de Pierre le Grand, qui donna son nom à la capitale de l'empire moscovite, les deux chefs des Boers ont donné les leurs à la capital du Natal. Il fallait cette explication pour comprendre un nom aussi compliqué.

Pieter-Maritzburg, ou plus brièvement Maritzburg, est le siège du gouvernement de la colonie du Natal, comme Cape-Town est le siège du gouvernement de la colonie du Cap. Mais Maritzburg est une ville intérieure, tandis que Cape-Town a l'inappréciable avantage d'être située au bord de la mer. Durban, le port de mer du Natal, éclipse la capitale par l'importance de son commerce et de sa population. Maritzburg est à Durban ce que Washington est à New-York. Durban est le centre commercial de la colonie, Maritzburg en est le centre politique et militaire. Maritzburg a été préférée à Durban à cause de sa situation sur le plateau, qui lui procure un climat plus tempéré.

La ville m'a paru jolie, la plus jolie peut-être de l'Afrique australe. Si j'habitais cette partie du monde, c'est dans le beau Natal que je voudrais vivre, et c'est à Maritzburg que je voudrais me fixer. Située à sept cents mètres au-dessus du niveau de la mer, elle n'est point, comme la ville de Durban, affligée de chaleurs tropicales; entourée de tous côtés de collines verdoyantes, elle a un aspect frais et pittoresque qui séduit au premier abord. Comme toute ville sud-africaine qui se respecte, elle a sa « Montagne de la Table » qui, par une singulière illusion d'optique, paraît beaucoup plus haute qu'elle n'est réellement. A en juger par l'air sain et vigoureux des Européens, le climat doit être excellent, et tout serait parfait sans les tourbillons de poussière que le vent soulève dans les rues, et qui sont le fléau de toute l'Afrique australe. Quoique disséminée sur un vaste espace de terrain, cette ville ne compte que dix-huit mille âmes, suivant le *Natal Directory*, publication officielle que je trouve à l'hôtel. L'élément européen représente un peu plus de la moitié de cette population; le reste se compose d'indigènes, au nombre de cinq mille, et d'Indiens, au nombre de trois mille. Maritzburg est le quartier général des troupes impériales, cantonnées au fort Napier, qui domine la ville au sud-ouest.

La capitale du Natal se compose de deux parties bien différentes : il y a la ville créée par les Boers, d'aspect paisible et calme, et celle créée par les Anglais, animée par les affaires. La première a conservé la physionomie champêtre que lui ont donnée les Hollandais ; comme Pretoria, elle réalise le type de la cité rustique, le *rus in urbe*. Chaque habitation est comme une petite maison de campagne, séparée de sa voisine par une centaine de mètres de jardin ; une large chaussée court entre les deux rangées de villas, parfaitement macadamisée, bien propre et bien soignée, et de très rares passants y circulent. L'architecture des habitations, il faut le dire, ne vaut guère mieux ici que dans les autres villes sud-africaines ; ni porches ni pignons ne rompent la monotonie de ces maisons blanches à horribles toitures de zinc, dont la laideur est à peine dissimulée par les festons de feuillage des plantes grimpantes. La plupart des habitations ont un toit en saillie abritant une large véranda, et cette véranda, remplie de verdure et de fraîcheur, donne un peu de poésie à ces vulgaires maisons de village anglais.

Parallèlement à ce quartier aristocratique qui date probablement de Pieter Retief, il y a la rue des affaires, la *Church Street*, qui, avec ses magasins anglais, a toute l'animation de l'Adderley Street de Cape-Town. Là sont les édifices publics, le palais du gouvernement, le City Hall tout récemment inauguré, assez prétentieux monument gothique qui, avec la tour carrée qui en flanque un des angles, a un faux air de palais de Westminster.

Dès mon entrée au Natal, ce qui m'a immédiatement frappé, c'est la prédominance de la race noire sur la race blanche, et le fait est particulièrement saillant à Maritzburg, dont les rues fourmillent de noirs, qu'on les appelle Cafres ou Zoulous. L'usage est ici d'appeler Cafre tout individu à la peau noire ; mais quand on arrive de la colonie du Cap, on voit tout de suite que le type de l'indigène a changé : le Zoulou a remplacé le Cafre; il est plus fort, plus agile, plus beau, et, si peu vêtu qu'il soit, il dispose avec plus d'art les défroques européennes dont il se couvre. La population du Natal peut être évaluée à 450,000 noirs et à 45,000 blancs. Il est d'ailleurs difficile d'évaluer exactement la population noire, qui s'élève probablement à un chiffre plus considérable; mais peu importe le chiffre exact, la proportion reste à peu près de dix noirs contre un blanc. Et le nombre des noirs ne fait que croître chaque année, parce que les Zoulous, qui se souviennent des mœurs sanguinaires de leurs anciens rois, viennent volontiers s'établir au Natal pour y vivre sous la tutelle des blancs : ils aiment le gouvernement européen, et ils ont été grandement déçus de ce que le pays du Zoulouland n'a pas été annexé lors de la dernière guerre. Le nombre des Zoulous a plus que centuplé depuis les débuts de la colonie, car les vieux résidents se souviennent qu'il y a cinquante ans il n'y avait pas plus de trois mille indigènes au Natal. Aussi Maritzburg a-t-elle plutôt l'aspect d'une ville zouloue que d'une ville blanche. Des Zoulous partout, et encore des Zoulous, et toujours des Zoulous. Déjà dans la colonie du Cap j'avais été frappé de la prédominance des noirs qui sont aux blancs dans la proportion de quatre à un; qu'est-ce donc ici, où ils sont au moins dix contre un ! C'est le nombre de ces hordes qui donnait à Cettiwayo le sentiment de sa force. La ville est remplie de chevaux lancés au galop. Des Zoulous les montent, et si vous n'y prenez garde, ils vous galoperont sur le corps. Une autre scène locale, ce sont les chars à bœufs, les attelages longs comme une rue, conduits par des Zoulous qui crient comme des démons contre les bœufs qui s'en vont de leur pas mesuré et flegmatique.

Des Zoulous, des chevaux, des bœufs, est-ce tout? Non, il y a encore les coolies qui offrent deux variétés, les Hindous et les Chinois : ceux-ci d'ailleurs assez clairsemés. Ces coolies sont importés chaque année par le gouvernement, qui affecte à cet effet une grosse somme votée annuellement ; ils s'engagent par contrat à servir régulièrement et d'une façon continue, ce qu'il est impossible d'obtenir des noirs. Le Zoulou, comme le Cafre, comme le nègre d'Afrique en général, est incapable de s'attacher à un maître : il le sert pendant quelque temps, jusqu'à ce qu'il ait amassé une somme suffisante pour acheter une femme et construire une hutte, puis un beau jour il se sauve pour retourner à son kraal ou pour s'engager chez un autre maître. Depuis que la culture de la canne à sucre a pris de grands développements dans la colonie, il a fallu recourir à des travailleurs plus soumis et plus sûrs, et c'est ce qui a nécessité l'importation des Hindous et des Chinois. Ces Hindous ont, en grande partie, supplanté les noirs comme domestiques : chez le gouverneur, au club, à l'hôtel, dans les magasins, le service est fait par des garçons hindous : aussi Cafres et Zoulous les détestent-ils cordialement, et l'antipathie est réciproque. J'avais remarqué, en voyageant en chemin de fer, que les wagons de troisième classe sont divisés en deux compartiments absolument séparés : l'un destiné aux Zoulous, l'autre aux Hindous : fiers de leur qualité de sujets britanniques, les Hindous ne consentent pas plus que les Anglais à se trouver en compagnie des noirs.

On peut s'imaginer l'étrange variété de costumes qu'offrent les différentes races qui se coudoient ici. Les Hindous s'habillent à la mode de l'Inde, portant les tissus aux couleurs les plus voyantes : robes de soie ou de mousseline, vertes, blanches, rouges ; quant à la coiffure, c'est généralement un turban rouge et, plus rarement, une calotte très richement brodée d'or et d'argent. Les femmes se drapent comme des statues antiques avec leurs châles dont les couleurs éclatantes se marient si bien avec l'olive de leur teint ; elles affectionnent les anneaux d'argent aux chevilles, les bracelets aux poignets, les bagues aux doigts et aux orteils, les pendants d'oreille, et elles se percent même les narines pour y appliquer des bijoux : ce que cela doit les gêner pour se moucher! Lorsqu'elles relèvent leur bras nu pour soutenir le fardeau qu'elles portent sur la tête, il semble qu'elles évoquent l'image de l'Inde : sous le flamboyant soleil du Natal, elles sont encore dans leur cadre naturel.

TYPES ZOULOUS DE NATAL

Entre ces Hindous si artistement vêtus et les Zoulous, vêtus à la manière des sauvages, le contraste est grand. Les Zoulous, comme les Cafres, ont une singulière prédilection pour les défroques militaires : ils préfèrent à tout autre vêtement une vieille tunique de soldat ou d'officier ; et l'on devine l'effet burlesque d'un habit rouge très court sous lequel se meut une paire de cuisses nues, car le Zoulou a horreur du pantalon. Comme les tuniques anglaises ne suffisent pas à l'énorme consommation, il en vient de tous les pays à armées permanentes : j'ai même reconnu, sur le corps d'un Zoulou, l'uniforme qui orna, il y a vingt ans, la poitrine d'un colonel de garde civique belge. *Quantum mutatus!*

A Maritzburg comme dans toutes les villes du Natal, l'ordre est maintenu dans les rues par un corps de police indigène, et rien n'est plus comique que l'air digne et important de ces Zoulous affublés d'un casque et d'une tunique bleue serrée par une ceinture ; comme concession aux Européens, ils portent une culotte courte qui laisse à nu la jambe. Ils sont très fiers de leurs *Knob kerries*, bâton à poignée sphérique qui est le symbole de leur autorité, et qu'ils ont seuls le droit de porter. Il est interdit aux indigènes de circuler avec des lances ou des assagaies, et même, dans les villes, avec des knobkerries, armes encore assez dangereuses entre leurs mains. Ils se consolent en portant une canne, une houssine ou une gaule, par précaution contre les serpents qui foisonnent dans le pays. On ne rencontre jamais un indigène qui ne soit muni d'une arme de ce genre.

On a vite épuisé les curiosités de Maritzburg, qui, pour une capitale, est assez pauvre en édifices et en monuments. Il y a bien un parlement dans ce style gréco-moderne pour lequel les Anglais ont une triste prédilection, et puis un hôtel de ville gothique, et puis encore une colonne commémorative érigée à la mémoire des Anglais qui succombèrent dans la guerre avec les Zoulous, mais tout cela n'est guère digne d'être noté que par l'auteur consciencieux qui fera un jour le guide du voyageur en Afrique australe. Maritzburg n'est intéressante que par ses Zoulous et aussi par ses jolis environs.

J'ai fait, autour de la capitale du Natal, de charmantes excursions en voiture avec lady Haden et sa jeune fille. Il y a, près de la ville, un parc absolument merveilleux dont les allées, qui suivent tous les caprices des ondulations naturelles du terrain, courent à travers une forêt de vieux chênes ou suivent les méandres d'une adorable petite rivière bordée de saules pleureurs. Ce parc, où la musique militaire se fait entendre à certains jours, est le rendez-vous des équipages, des cavaliers et des joueurs de criquet et de foot-ball, sports aussi en honneur au Natal et dans la colonie du Cap que dans la mère-patrie. Une autre promenade favorite des habitants est le Jardin botanique, situé à une lieue de la ville, au milieu des bois et des montagnes. Sans être très riche en plantes indigènes ou exotiques, ce jardin est beau comme un rêve, avec ses grands arbres touffus, ses bassins et ses cascades. L'excursion classique est celle de la chute de la rivière Umgeni, à Howick, à laquelle on se rend en chemin de fer. Cette chute mesure cent mètres de hauteur, et elle est vraiment superbe, soit qu'on la contemple du haut de la corniche qui la domine, soit qu'on descende au fond de l'abîme par le vertigineux sentier que les Cafres y ont pratiqué.

III

Lorsqu'on considère sur la carte la colonie de Natal, on lui trouve la forme d'un diamant taillé, et elle est, en effet, le joyau de l'Afrique australe. Elle ne serait pas un joyau si elle n'était petite : son étendue est celle de la Grèce, ou les deux tiers de celle de l'Écosse, ou le sixième des îles Britanniques ; comparée à la colonie du Cap, elle est onze fois plus petite, et elle n'occupe que la six centième partie du territoire du gigantesque continent noir.

Aperçue du haut d'un ballon, cette terre de Natal offrirait l'aspect d'une bande de collines, de forêts et de prairies, s'inclinant en pente rapide d'un grand rempart rocheux vers une mer sans limites. Le rempart est la chaîne du Drakensberg, la mer est l'Océan Indien. Du Drakensberg à l'Océan serpentent trois grandes rivières : la Tugela, l'Oumkomaas et l'Oumzimkoulou. Çà et là l'œil aperçoit ces étranges montagnes tabulaires, dont les couches de grès silurien s'appuient sur des contreforts de granit ou de gneiss.

Quoiqu'elle soit située en dehors de la zone tropicale, la terre de Natal jouit, dans les régions basses, d'un climat semi-tropical, à cause du courant équatorial venant du canal de Mozambique, qui en baigne les côtes ; mais, comme le pays s'élève graduellement depuis l'océan jusqu'aux monts du Dragon, il en résulte des différences climatériques bien marquées sur une aire relativement très restreinte, puisqu'elle n'a guère que quarante lieues de largeur. Le Natal offre, sous ce rapport, une analogie frappante avec le Mexique : dans l'une et l'autre contrée, c'est la même succession de terrasses étagées à des altitudes croissantes, avec leurs variétés correspondantes de climats et de productions : air humide et chaud sur le littoral, air sec et frais dans la région moyenne, air vif et froid dans les *highlands*. La côte se prête à la culture du sucre, du coton, du café, du thé, du tabac, des épices et de la plupart des fruits que produisent les climats tropicaux ; dans les régions moyennes et élevées, on cultive le froment, l'orge, l'avoine, les fruits et les légumes de nos climats.

Le Natal est, comme l'Orange et le Transvaal, une contrée essentiellement pastorale, et comme toute contrée pastorale, elle est peu peuplée : sa population dépasse à peine un demi-million, et le nombre des blancs n'atteint pas cinquante mille. Environ les trois cinquièmes des blancs sont des Nataliens nés dans le pays : on compte parmi eux un grand nombre d'Allemands qui ont fondé des colonies agricoles, telles que New-Germany, New-Hanover, Hermannsburg ; il y a aussi, mais en plus petit nombre, des Boers établis dans les hauts districts. Les Anglais vivent principalement dans les villes, sur la côte et dans la région moyenne.

IV

A peine ai-je pris place dans le train de Durban, que mon compartiment est envahi par des gentlemen grisés par le whiskey, et beaucoup plus familiers que je ne le voudrais. Plutôt que de voyager en leur compagnie, je saisis ma valise et me réfugie, au grand étonnement de ces messieurs, dans le compartiment voisin. C'est là un incident ordinaire dans les colonies sud-africaines, où l'abus du whiskey prend de déplorables proportions, même chez les classes élevées de la société : au club comme à l'hôtel, le *bar* est constamment assiégé par des messieurs du meilleur ton, qui font d'effrayantes consommations d'alcool. Ce n'est qu'ici qu'on peut être exposé à voyager en première classe en compagnie de gens ivres.

Pendant plusieurs heures, je ne perds pas de vue Table Moutain, que le chemin de fer contourne par une immense courbe de soixante kilomètres, s'étendant de Maritzburg à Botha-Hill : qu'on la voie du nord ou du sud, toujours elle présente la même silhouette. A partir de Botha-Hill, où l'on s'arrête pour dîner, on commence la descente du dernier gradin de ce gigantesque escalier dont la locomotive est venue à bout. Ici les courbes se multiplient au point que la longueur de la voie ferrée est double de celle de l'ancienne route des chars à bœufs : constamment on côtoie des abîmes devant lesquels ma voisine ferme les yeux, imitant la tactique de l'autruche. Voici justement des autruches paissant au milieu des vaches qui ne paraissent pas trop étonnées de la compagnie de ces bipèdes ; les autruches ne s'émeuvent d'ailleurs pas plus que les vaches du passage du train : ce sont des autruches apprivoisées, qui feraient la joie de Tartarin.

ANCIEN CHEF ZOULOU DE NATAL.

Après le coucher du soleil, la température, au lieu de se refroidir, s'élève sensiblement : c'est que nous approchons de la zone du littoral. Longtemps avant d'arriver à Durban, on distingue dans la nuit le feu tournant du phare érigé sur le haut promontoire du Bluff : qu'on arrive par terre ou par mer, ce feu s'aperçoit à plusieurs lieues de distance. Bientôt des milliers de lumières annoncent que nous sommes arrivés. En descendant du train, à

VUE DE PIETER-MARITZBURG

dix heures du soir, j'éprouve l'impression que j'eus il y a dix ans, lorsque le train que j'avais pris à Mexico me déposait le soir à Vera-Cruz : je suis en terre chaude, en quelques heures j'ai passé de la zone tempérée à la zone tropicale.

Je ne trouve plus une chambre au *Royal Hôtel*, n'ayant pas pris la précaution nécessaire d'en retenir une par le télégraphe. Je suis réduit à passer ma première nuit sur un lit de camp qu'un coolie me monte dans la salle de billard. Dans la salle voisine, de passionnés joueurs de poker me tiennent éveillé pendant la moitié de la nuit, et j'entends le carillon voisin du Town Hall sonner tous les quarts d'heure. Le lendemain j'obtiens une des petites chambres distribuées autour du patio : un rêve que ce patio, avec ses palmiers, ses fougères arborescentes, ses pandanus et autres arbres de serre chaude au milieu desquels se jouent des jets d'eau, comme dans les patios de Séville et de Grenade. Dans ce charmant hôtel, point de garçons en morose habit noir, mais une phalange d'Hindous vêtus de blanc et coiffés d'un turban : à tous les repas, ils nous servent un savant currie, le mets national de l'Inde. C'est dans ce même hôtel, le meilleur de l'Afrique du Sud, que le célèbre explorateur Serpa Pinto, le Stanley portugais qui traversa l'Afrique, passa quelques jours avant de reprendre la route de l'Europe.

En sortant de l'hôtel, je n'ai que la rue à traverser pour me trouver dans le jardin public au milieu des splendeurs de la végétation tropicale. Quel changement à vue ! Hier c'était l'Afrique du Sud, maintenant c'est l'Inde. Des palmiers géants, des bananiers, des figuiers multipliants, des manguiers, d'énormes bambous et, au centre, une fontaine monumentale déversant dans un large bassin ses eaux claires qui vous donnent la tentation d'un bain rafraîchissant. Nous reviendrons souvent dans ce délicieux jardin, très poétique le soir, quand le feuillage des grands arbres s'argente au clair de lune.

De l'autre côté du jardin est le Town-Hall, l'hôtel de ville de Durban, dont la haute tour, qui se voit de partout, renferme un carillon qui s'entend de partout. Ce Town-Hall, qui fait l'orgueil des habitants, est un vaste palais de style corinthien, abritant la chambre de commerce, le conseil municipal, la poste et le télégraphe, une immense salle destinée aux réunions publiques, et même un musée d'histoire naturelle où l'on voit, trônant au milieu d'une riche collection d'oiseaux d'Afrique, d'immenses autruches de deux mètres de haut, et aussi, dans la section ethnographique, toute la vaisselle en bois de Cettiwayo, le fameux roi des Zoulous, qui mangeait sa viande dans un plat ovale de trois pieds de long et buvait sa bière dans des pots dont se serait contenté Pantagruel. C'est dans la grande salle de l'hôtel de ville que se tiennent les meetings au sujet de l'émancipation de la colonie, où le tribun le plus populaire est M. Robinson, le chef du mouvement autonome, qu'on désigne comme le futur premier ministre.

Durban, que les navigateurs appellent Port-Natal, doit son nom à Benjamin d'Urban, un des premiers gouverneurs du Cap, à l'époque ou le Cap et le Natal formaient une seule colonie. Dans ce pays, toutes les villes portent un nom d'homme, quand elles ne portent pas deux noms d'homme, comme Pieter-Maritzburg. Cape-Town comptait déjà deux siècles que Durban n'existait pas encore, et de vieux colons se souviennent du temps où l'emplacement qu'occupe la ville était visité par les lions et les léopards, et même par les éléphants. Il y a quelques années à peine que Durban n'était qu'un insignifiant village : aujourd'hui c'est une des plus belles villes de l'Afrique, avec une population à peu près égale à celle de Cape-Town, dont les Européens forment la moitié, les indigènes un quart et les Asiatiques l'autre quart. Les rues, très droites et très longues, et d'une largeur exagérée, offrent l'aspect des villes américaines, et ce qui complète l'analogie, c'est le nombre des églises de différentes confessions : il y en a pour les blancs, pour les noirs, pour les Asiatiques, pour les mahométans, pour les bouddhistes. La cathédrale a été fondée par un évêque français, Mgr Jolivet : le dimanche, on y prêche en français, car trois mille catholiques de Durban sont presque tous des Mauriciens venus de cette terre jadis française qui s'appela longtemps l'Ile de France.

Les rues de Durban fourmillent d'Hindous et de Zoulous, et il semble que cette foule bariolée soit mieux encore en son élément dans cet air tiède du littoral que sur les frais plateaux de l'intérieur. Une nouveauté introduite depuis peu attire tout de suite mon attention. A Durban, il n'y a point de *cabs*, mais il y a une infinité de *djin-rik-sha*. Sous ce nom japonais on désigne une légère petite voiture à deux roues exactement semblable à celles qu'on peut voir dans les rues de Tokio ou de Yokohama ; la seule différence, c'est qu'ici elle est attelée d'un Zoulou au lieu d'être attelée d'un Japonais. Comme les rues ne sont point pavées, mais pourvues d'un excellent macadam, ces djin-rik-sha roulent aussi bien que sur une route japonaise, tirées par de robustes Zoulous qui vont constamment au trot sur leurs larges pieds nus. Ils se contentent pour une course, de la modique somme de trois sous, et quand ils ont fait pendant quatre mois ce métier de cheval, ils retournent dans leur tribu pour consacrer le produit de leurs économies à l'achat d'une femme.

Si Durban n'avait que son hôtel de ville, son parc, ses djin-rik-sha, elle n'aurait que peu de titres à l'admiration ; mais Durban a son club, dont elle est fière à bon droit, car le Durban-Club est le plus beau club de l'Afrique. J'y déjeune souvent avec l'élite de la société durbanaise : j'y rencontre des consuls, des avocats, des magistrats, des négociants ; dans la salle de lecture, je trouve les publications officielles sur la colonie, et les journaux du monde entier.

Durban doit son importance commerciale à la circonstance qu'elle est le seul port de la colonie de Natal. Quand Vasco de Gama découvrit la baie de Port-Natal, il la prit pour l'embouchure d'une rivière, et il se peut, en effet, que la rivière Umgeni, qui rejoint l'océan Indien à une lieue de la ville, ait eu anciennement son écoulement dans la baie. Le terrain, composé de sables, est si mouvant, qu'un déplacement du lit de la rivière n'a rien d'improbable. Le port est un vaste bassin qui forme une lagune intérieure, resserrée entre le haut promontoire du Bluff, qui porte un phare à feu tournant, et une langue de sable qui s'appelle « la Pointe ». L'entrée de la lagune est obstruée par une barre de sable mouvant qui jouit d'une détestable réputation. Les ports de l'Afrique australe sont presque tous défendus par une barre, et la barre de Port-Natal passe pour la plus dangereuse de toutes. C'est à cause de cette barre que la colonie du Natal n'a pas encore pu réunir son réseau de chemins de fer à ceux de la colonie du Cap et du Transvaal, et que les marchandises venant de l'intérieur s'écoulent de préférence par le port plus sûr de Delagoa-Bay. On a dépensé des sommes énormes pour faciliter l'entrée du port, mais tous les travaux n'ont pu venir à bout de cette barre obstinée, et les gros navires doivent mouiller au large. On raconte qu'un jour, à un banquet officiel, quelqu'un s'avisa de porter un toast au barreau de Durban, et comme l'attorney général se levait pour remercier, un autre convive fut debout aussitôt pour protester avec indignation qu'il ne boirait pas à la santé du plus grand ennemi de la colonie. Ce convive croyait qu'il s'agissait non du barreau, mais de la barre, la langue anglaise n'ayant qu'un mot pour désigner l'un et l'autre.

La *Pointe*, qui est le véritable *Port-Natal*, est à trois kilomètres de Durban, et les deux villes sont réunies par un chemin de fer. Un tramway les relie en outre avec le quartier de la Berea, ou la haute ville, qui occupe, à l'ouest, les pentes d'un vert coteau, au fond de la baie. Ce quartier est le West-End de Durban : c'est-là que demeure la société élégante, et qu'au déclin du jour les hommes d'affaires se retirent à la campagne, *usu britamico*. Vers cinq heures du soir, les rues de Durban se dépeuplent, le tramway et les trains de chemin de fer regorgent de voyageurs, les équipages circulent en foule dans l'admirable avenue que bordent des bouquets de bambous ou de grands arbres dont les branches se rejoignent et forment un tunnel de verdure. Tout ce monde se précipite vers le paradis de Wynberg.

Dans les jardins de la Berea on peut voir tout ce que le tropique produit de plus merveilleux : palmiers, orangers, citronniers, manguiers, grenadelles, goyaviers, bananiers, arbres du voyageur, pandanus, popos, moonflowers et mille autres arbres portant des fruits savoureux ou des fleurs éclatantes qui annoncent le voisinage de Madagascar. Mais ce que j'admirais plus encore, c'est la vue inoubliable, une des plus belles du monde, dont on jouit du haut des collines de la Berea sur la ville de Durban, couchée dans la plaine, à une lieue de distance, entre la baie intérieure et l'océan Indien, dont la nappe chatoie sous un ciel d'un bleu incomparable. C'est à la chute du jour qu'il faut contempler ce grandiose horizon, quand le soleil couchant répand sur la scène ses indescriptibles splendeurs. Ceux-là qui ont vu la féerie des soirs sous les latitudes australes peuvent comprendre que l'on gravisse les hauteurs de la

PANORAMA DE DURBAN

Berea et de Musgrave-Hill sans autre but que de voir un coucher de soleil.

V

La terre du Zoulouland, berceau de la race zouloue, dont le nom signifie « céleste », est située au nord du Natal, au delà de la rivière Tugela. C'est un territoire grand comme la moitié de la Belgique, circonscrit par l'océan Indien, le Transvaal et le Natal.

Les Zoulous sont beaucoup moins nombreux au Zoulouland qu'au Natal, puisqu'on estime, d'après le nombre de huttes taxées, qu'ils n'y sont pas plus de 140,000, tandis qu'ils sont 400,000 dans la colonie; mais ils y vivent chez eux, car, à part les officiers et les missionnaires, il est défendu aux Européens d'y résider.

La nation zouloue n'était, au début de ce siècle, qu'un peuple faible et méprisé. Le génie militaire de Chaka, le Napoléon de l'Afrique australe, la tira de l'obscurité. Il mit vingt ans à soumettre toutes les tribus voisines, et il les incorpora successivement à la nation zouloue, dont le petit noyau primitif devint un puissant peuple guerrier. Son frère, le féroce Dingaan, l'assassina et lui succéda, pour périr à son tour de mort violente après onze années de carnages et de massacres. Puis régna, jusqu'en 1872, Umpandé. L'année suivante, son fils Cettiwayo fut solennellement couronné roi des Zoulous avec l'assentiment des Anglais. Mais le nouveau roi, fidèle au système militaire de Chaka, se déclara bientôt l'ennemi résolu des blancs. Les Anglais, lui ayant envoyé un ultimatum qui resta sans réponse, entamèrent cette campagne fameuse où, après avoir essuyé au début de terribles revers, ils finirent par anéantir à jamais la puissance militaire des Zoulous, qui jusqu'alors avait été le cauchemar des colonies sud-africaines. Cettiwayo, vaincu et prisonnier, subit quelques années d'exil au Cap, puis il fut restauré à condition qu'il partagerait son ancien royaume entre plusieurs chefs. Mais après la mort de Cettiwayo, ces roitelets se montrèrent impuissants à maintenir chez eux l'ordre et la paix, et les Anglais finirent en 1887 par déclarer leur pays territoire britannique. Depuis lors, le gouverneur du Natal est en même temps gouverneur du Zoulouland. Le pays est administré par un commissaire anglais qui réside à Eshowe, quartier général des troupes impériales, et l'ordre y est maintenu par un corps indigène de police montée, commandée par des officiers européens. Dinizoulou, fils et successeur de Cettiwayo, fit une tentative de révolte en 1889; mais, condamné à dix ans d'internement pour haute trahison, il fut jugé digne du sort de Napoléon Ier, et il subit sa peine à l'île Sainte-Hélène.

Telle est l'histoire de cette éphémère nation des Zoulous, dont je repassais les faits dans mon esprit au moment de prendre la route du mystérieux Zoulouland.

Par une superbe matinée, j'ai pris le train de Verulam, petite ville située dans le comté de Victoria, à trente kilomètres au nord de Durban, au cœur de la région sucrière. Le train court pendant une heure et demie dans un pays charmant, au milieu des plantations de cannes, au pied des verdoyantes collines qui s'élèvent à peu de distance de la côte. L'aspect du paysage est franchement tropical : des bosquets de palmiers, de bizarre cactus arborescents alternent avec les champs de cannes et de bananiers. A chaque station, on voit des brigades de nègres et de coolies occupés au chargement des cannes que le chemin de fer transporte aux moulins à sucre.

La voie ferrée, qui sera prolongée un jour jusqu'à la rivière Tugela, s'arrête actuellement à Verulam, petite ville qui doit son nom aux Wesleyens de Saint-Alban qui l'ont fondée. Pour une livre sterling, on me laisse monter dans je ne sais quelle affreuse patache qui fait le service postal entre Verulam et la frontière du Zoulouland, un trajet d'uue centaine de kilomètres : ce très primitif mail-coach est une petite charrette à deux roues, surmontée d'une tente, comme les chars à bœufs, et munie de deux banquettes disposées dos à dos, et pouvant recevoir chacune trois personnes, y compris le conducteur; mais, dans certaines circonstances, le corps humain est doué d'une telle élasticité que nous ne sommes ni plus ni moins que huit voyageurs : le postillon, trois dames, un monsieur, une petite fille accompagnée de sa poupée, et un bébé. Nous voilà partis au galop de six chevaux qui courent un train d'enfer, franchissant quinze kilomètres à l'heure sur une route qu'on peut peindre d'un mot en disant que c'est une route africaine. Chaque fois qn'une des deux immenses roues de la carriole tombe dans un de ces trous perfides dont la route est criblée, il en résulte des cahots et des oscillations si invraisemblables, qu'on acquiert bientôt la conviction que cette carriole ne saurait verser, pas plus qu'elle ne saurait se remplir. Et en effet voici, au premier relais, deux nouveaux voyageurs, un blanc et une négresse. Quoiqu'il n'y ait plus de place, on les embarque tout de même, et on les loge tant bien mal sur les bagages.

L'aspect du pays a complètement changé : depuis Verulam les cannes à sucre ont disparu, car les cultures ne s'étendent pas au delà de la zone des chemins de fer. Ce pays donne une meilleure idée de l'Afrique que tout ce que j'ai vu : c'est l'Afrique inculte et vierge, avec ses palmiers, ses grands cactus, ses aloës, ses arbres à tête ronde, et, çà et là, des huttes de bambous et de palmier. Et qui anime ce paysage ? Des Zoulous, non plus tels qu'ils se montrent dans les villes, vêtus et sans armes, mais tels qu'ils sont dans leurs kraals, cheminant nus, et armés de leurs arcs, de leurs assagaies, de leurs knobkerries, Il n'est pas rare de voir, sur le bord du chemin, se chauffant au soleil, un gros serpent ou un hideux lézard de deux pieds de long.

La route de Verulam au Zoulouland court, tout le temps, à une lieue de la mer, et cependant la mer reste constamment invisible, tellement le pays est accidenté; les pentes succèdent aux pentes, et comme la route ne dévie jamais de la ligne droite, les chevaux franchissent descentes et montées avec une vitesse vertigineuse : rien ne les arrête, pas même les rivières qui, naturellement, n'ont jamais de ponts. A mi-chemin, on franchit la grande rivière Umvoti, aussi large que la Loire : heureusement, les eaux sont basses en cette saison, et comme les roues du coche sont immenses, les chevaux seuls prennent un bain.

Il nous reste sept lieues à parcourir jusqu'au fort Pearson. Le temps de changer les chevaux, et nous voilà de nouveau sur la route du Zoulouland, devenue plus mauvaise que jamais. Au coucher du soleil, le ciel, depuis longtemps sombre et menaçant, s'illumine d'éclairs qui sillonnent la nue dans tous les points de l'espace.

Il fait nuit quand nous arrivons au dernier relais. Seul avec le postillon, nous filons toujours au triple galop, malgré l'obscurité. C'est l'heure où mille réflexions assiègent l'esprit du solitaire voyageur qui pense aux siens qu'il a laissés si loin pour courir sur les chemins du Zoulouland. Vers six heures du soir, un ruban d'argent a brillé dans la nuit, au fond d'une profonde vallée, C'est la Tugela. Une demi-heure après, nous arrivons au terme du voyage, brisé, meurtri, couvert de bosses et de plaies, et heureux de nous reposer dans une maison de bois qui est la maison de poste et qui constitue à elle seule le village-frontière de Lower-Tugela. L'unique chambre des voyageurs n'a d'autre plancher que la terre battue ; les carreaux de la fenêtre sont absents, et de tous côtés il y a des trous minés par les insectes, donnant accès aux rats, et, ce qui est pis, aux serpents. Je soupe avec le postillon et le maître de poste qui a pêché, dans la Tugela, un poisson à queue de crocodile, qu'il appelle « serpent de mer ». Le plat de résistance est un poulet si dur que je me casse une dent à vouloir le manger.

Après le souper, il fait bon rêver à la belle étoile. Une admirable nuit d'été, chaude et embaumée, tout comme si nous n'étions pas au cœur de l'hiver.

De bonne heure le chant du coq me réveille. Promenade matinale à la rivière, où l'on descend par un ravin s'ouvrant dans la forêt vierge : de gigantesques figuiers multipliants, de gros arbres indigènes au tronc noueux, des bananiers sauvages, et une foule de plantes que je n'ai jamais vues, et qui portent des fleurs d'un coloris merveilleux. Mille oiseaux dont j'entends pour la première fois les cris étranges animent cette luxuriante végétation africaine. Les herbes, encore humides de l'orage d'hier, cachent des reptiles que j'entends fuir, mais que je ne puis apercevoir.

La Tugela, qui forme la frontière naturelle du Natal et du Zoulouland, à deux lieues de son embouchure, est une imposante rivière, d'une largeur de deux cents mètres, profondément encaissée entre des montagnes à pic, et l'une des plus pittoresques de l'Afrique australe : elle prend naissance au Mont aux Sources, une des plus hautes cimes du Drakensberg, d'où elle se précipite dans le Natal par une chute verticale de cinq cents mètres ; puis elle s'élance dans des gorges profondes, à parois sourcilleuses, rappelant les canons du Colorado, forme de nombreuses cataractes, trace des courbes fantastiques et se jette dans l'océan Indien après un cours tortueux de quatre-vingts lieues. Comme la plupart des rivières du Natal, elle n'est nulle part navigable. Ses eaux sombres ont été souvent rougies par les massacres en masse opérés sur ses rives par les Cetliwayo, les Dingaan et les Chaka.

En langue zouloue, la Tugela est la « rivière qui inspire l'effroi », et son nom fatidique revient sans cesse dans l'histoire sanglante de la monarchie zouloue.

A une lieue en amont du gué qui sert aux communications en-

LE TREK

tre le Natal et le Zoulouland, la Tugela forme des chutes qu'on m'a recommandé d'aller voir. La rivière est si profondément encaissée qu'il est impossible de la côtoyer : aucun sentier le long de ses rives à pic. Pour arriver aux chutes, il faut donc gagner le plateau. Dans ce but, je m'engage dans un petit chemin étroit, infesté de fourmis, vrai sentier africain, tracé par les indigènes à travers une bizarre végétation d'euphorbiacées, d'aloès, de palmiers. Le sentier ne tarde pas à disparaître dans les hautes herbes, et il faut ici marcher avec prudence, de peur de mettre le pied sur les serpents que j'entends à chaque minute se sauver à mon approche, sans que, la plupart du temps, il soit possible de les voir : je n'ai pu en surprendre qu'un seul, de deux pieds de long, au moment où il disparaissait dans son gîte. Instinctivement, on cherche dans les grands arbres le fameux pithon, le boa du Natal (*Hortulia Nataliensis*), qui n'a pas moins de vingt pieds de long, et qui étouffe sa proie en l'enlaçant de ses anneaux.

Tout en errant ainsi à l'aventure, observant les points de repaire pour ne point m'égarer dans ce pays si montueux et si compliqué, je retrouve bientôt un sentier qui mène à une enceinte carrée clôturée d'une haie, et dans laquelle une demi-douzaine de huttes rondes sont disposées sur la terre battue. C'est un kraal zoulou : entrons-y pour nous renseigner. Les indigènes, très surpris, me regardent d'un air soupçonneux, et l'un d'eux, le seul qui sache un peu d'anglais, me demande : « Where do you come from? D'où venez-vous? » En ce moment survient un métis, qui semble être le chef reconnu : il me dévisage effrontément, et pousse l'impudence jusqu'à me demander mon nom, tout en regardant obstinément ma poche, où je dissimule un revolver. Il ne change de contenance que quand je lui donne du tabac, et consent alors à m'indiquer la direction des chutes.

Le saut de la Tugela, que j'aperçois bientôt de loin, est d'un accès assez difficile. Comme la rivière est très basse, les grandes dalles plates qu'elle couvre en été sont à sec : il faut donc sauter d'une dalle à l'autre, au risque de tomber dans les mares d'eau où gîtent peut-être les crocodiles; mais quoiqu'on m'ait averti que ces sauriens sont nombreux en cet endroit, je n'en ai pas aperçu un seul. Dans cette saison les chutes sont fort maigres : ce sont à peine des rapides; mais on s'imagine combien plus belle doit être la scène en été, quand la Tugela, grossie par les pluies, déborde de son lit actuellement presque à sec. Ce doit être alors un spectacle aussi grand que les cataractes du Nil.

En revenant des chutes, j'ai rencontré, se chauffant au soleil, sur les rochers, un monstrueux iguane de quatre pieds de long. Cette promenade pédestre, par un soleil ardent, m'a mis tout en nage, et je me suis reposé l'après-midi à Lower-Tugela, m'amusant avec un petit singe du pays, d'un gris cendré, aux yeux vifs et intelligents, adorant les caresses, et très drôle lorsqu'il agace un jeune chien très gauche auquel il joue les tours les plus pendables.

Après avoir exploré la rive natalienne de la Tugela, allons voir ce qui se passe au Zoulouland, de l'autre côté de la rivière. Mon désir est de me rendre à Eshowe, résidence du commissaire Osborne; mais personne n'a pu me renseigner sur les moyens d'y arriver. Emportons des provisions, passons la rivière, et nous verrons.

C'est dans une lourde embarcation indigène, conduite par un Zoulou qui manie habilement l'aviron, que je gagne la rive opposée. J'y cherche vainement le fort Tenedos, indiqué sur ma carte comme faisant face, sur la rive zouloue, au fort Pearson, sur la natalienne. N'apercevant pas une seule habitation ni un seul être humain, je ne trouve rien de mieux que de suivre la route des chars à bœufs et la ligne télégraphique par lesquelles le conquérant s'est assuré des communications avec Eshowe, capitale du pays conquis. Au sortir de l'Afrique des blancs, me voici dans l'Afrique des noirs, me promenant le bâton à la main en terre zouloue. La route s'élève rapidement vers le haut plateau intérieur, et j'atteins bientôt le faîte de la première croupe montagneuse d'où l'on domine le cours tourmenté de la Tugela et d'où le regard erre à la fois sur le Natal et sur le Zoulouland.

Le contraste est indicible. Les deux contrées que sépare la Tugela ont la même configuration physique, c'est le même écheveau compliqué de plateaux et de dépressions, de montagnes aux croupes arrondies et de vallées tortueuses, mais les deux contrées portent une livrée bien différente : d'une part, c'est l'Afrique sauvage et inviolée, d'autre part l'Afrique transformée par la conquête blanche ; d'une part un peuple pasteur et guerrier, à demi nomade, d'autre part des villes et des villages édifiés par l'Anglo-Saxon et l'Hindou. Du haut du plateau, le Zoulouland m'apparaît comme un océan de croupes dénudées, s'abaissant vers la ligne bleue de la grande mer des Indes qui se profile à l'horizon. Ce morceau de l'Afrique, qui pourrait être un Eden, a l'aspect d'un désert. Dans nos contrées civilisées, l'œil qui plane d'un point élevé aperçoit toujours quelque trace de l'homme, des champs cultivés, des habitations ; ici, à part la route des chars à bœufs et la ligne des poteaux du télégraphe, aucun indice de civilisation : pas une culture, pas une maison, pas même un arbre, sauf au fond des ravins. Sur cette stérilité complète plane un silence étrange : il n'y a d'autre oiseau que l'aigle qui décrit dans les airs ses orbes immenses, et un grand corbeau blanc, qui jette, de temps à autre, un cri lugubre. Non, jamais je ne me suis senti si loin de l'Europe que sur ce solitaire plateau du Zoulouland !

Mais dans les vallées qui s'ouvrent entre les plateaux on retrouve la végétation des tropiques : le palmier, le bananier, et surtout le kafirboom ou arbre cafre (*Erythrina Caffra*), cet arbre singulier qui verdit en été et fleurit en hiver : la première fois que je le vis, je ne pouvais en croire mes yeux, le voyant entièrement dépouillé de ses feuilles et portant une splendide floraison de bouquets d'un rouge écarlate.

Sur cette route d'Eshowe, qui est la grande route du Zoulouland, j'ai rencontré beaucoup d'indigènes qui semblaient assez surpris de voir un blanc se promener tout seul à pied dans leur pays encore presque entièrement fermé aux Européens. Ils ne manquaient point, du reste, de saluer selon leur formule habituelle : *Sakou òona* (nous t'avons rencontré). Au Natal les Zoulous sont plus ou moins vêtus, mais sur leur territoire ils circulent absolument nus, à peine une mince lanière en peau de léopard qui dissimule fort mal ce qui doit être dissimulé. Si leur costume est plus que sommaire, en revanche ils sont toujours armés comme s'ils allaient en guerre, portant un arsenal d'assagaies et de knobkerries qui ajoute à leur air martial et imposant. Les femmes, n'ayant pour tout vêtement qu'un pagne en peau de mouton, portent leurs bambins sur le dos, emmaillotés de peaux. Souvent on les voit cheminer, chargées de lourds fardeaux, à côté de leur seigneur et maître, qui croirait se dégrader en portant autre chose que ses armes. Chez ce peuple militaire, l'homme est fait pour les travaux de la guerre, la femme pour les travaux domestiques. Ce n'est qu'en Zoulouland que j'ai vu les hommes faits se ceindre la tête d'un brillant anneau noir, qu'ils confectionnent avec diverses substances dans lesquelles entrent des pigments et de la terre empruntée aux monticules édifiés par les fourmis, le tout si bien agencé, si bien durci, qu'on dirait de la corne de buffle : les hommes mariés ont seul le privilège de porter ce diadème, symbole de la virilité, auquel ils donnent le nom de « *isicoco* ».

Une scène qui se répète sur cette grande route commerciale du Zoulouland comme dans toute l'Afrique australe, ce sont les longs convois de chars à bœufs qui transportent à Eshowe les marchandises du Natal et du Transvaal. Les interminables attelages sont conduits par des Zoulous qui poussent constamment des cris bizarres, tels que n'en peut produire qu'un gosier nègre. S'ils ont dix-huit bœufs à mener, chaque bête a son nom propre, en sorte qu'ils ont dix-huit cris divers pour l'édification spéciale de chacune d'elles ; je ne sais si les bœufs les comprennent, mais ils paraissent parfaitement indifférents à la voix du conducteur, et ils s'en vont de leur pas flegmatique, beuglant à qui mieux mieux et tirant par monts et par vaux les gros chariots gémissants et craquants, construits, sans l'aide d'un seul clou, en bois de *stinkvood* (*laurus bullata*), l'essence la plus résistante du pays.

Sur cette route des chars, on ne voit ni une maison ni une hutte. Ce n'est pas que le pays soit désert et inhabité ; les kraals, ou villages zoulous, sont même assez nombreux dans le voisinage, mais jamais on ne les trouve le long de la route : ils sont toujours établis à quelques centaines de mètres de distance, généralement sur le revers d'une montagne, et on y arrive par d'étroits sentiers de bestiaux qui les relient à la route. Le kraal se compose d'un petit nombre de huttes, dix ou vingt au plus, rangées dans une enceinte de terre battue clôturée par une haie. Chaque hutte est soumise à une taxe annuelle de quatorze shellings. Ces huttes, au lieu d'être de forme conique, comme chez d'autres peuplades africaines, sont rondes comme des ruches, et la construction en est fort simple. On plante verticalement dans la terre une rangée circulaire de branches qu'on recourbe de façon à les faire converger vers un même point pour former le support du toit; puis on construit un entrelacement de branches horizontale, et on consolide la charpente avec les lianes; enfin on tapisse le tout de gazon, ce qui est l'ouvrage des femmes, et la case ainsi édifiée offre un excellent abri contre la pluie, le soleil et le froid.

Au risque d'être mis en pièces par les chiens hargneux qui défendent l'accès des kraals, j'ai voulu en voir un de près, et je me suis dirigé, le bâton à la main, vers un village d'une douzaine de huttes. En y entrant, j'ai été attaqué par les chiens, mais je les ai tenus en respect par un vigoureux moulinet, et suis arrivé auprès d'une case devant laquelle deux ou trois familles indigènes formaient un groupe pittoresque, les femmes paresseusement couchées sur le ventre, les hommes accroupis sur les talons et occupés à se faire mutuellement la toilette compliquée de leurs têtes : l'un d'eux polissait consciencieusement l'*isicoco* de son voisin, de façon à donner à l'anneau de tête le brillant du jais.

TYPES DE ZOULOUS

Les Zoulous demeurent tout ahuris de l'intrusion du blanc chez eux, et à leur première stupeur succède bientôt un éclat de rire, mais un rire si sonore, si franc et si joyeux, que cela me gagne aussi. Et du coup nous sommes amis. Je m'informe en anglais de leur santé, ils me répondent en zoulou, langue aussi riche que l'espagnol en voyelles et en gutturales; je leur réplique en français, et il faut croire qu'ils n'ont jamais entendu un langage aussi drôle, car cette fois c'est surtout chez les femmes un rire inextinguible; l'une d'elles, la plus jeune et la plus jolie, est obligée de s'asseoir pour donner libre cours à son hilarité; son costume se compose d'un pagne en perles et d'un collier : au moyen du langage des gestes, je la décide à détacher, avec une petite moue, son collier, qu'elle me cède pour six pence, et à la vue de la petite pièce d'argent, ses grands beaux yeux, qui vous regardent en face, rayonnent de contentement.

*
**

La belle race que ces Zoulous! Les beaux corps bronzés! Des chairs fermes et bien potelées, un torse d'un galbe admirable, des épaules et des membres d'une beauté sculpturale, d'un profil presque classique. Et puis, les bonnes figures rieuses! Un rire franc et clair, coulant comme une pluie de perles d'une bouche qui s'ouvre toute large et où brillent de splendides rangées de dents d'un blanc d'ivoire. En vrais enfants de la nature, ils sont peu frileux, et ils sont, pour la plupart, nus de la tête aux pieds, sauf le pagne en peau ou en perles, la seule concession qu'ils fassent aux Européens. Chez les femmes mariées, le costume est un peu moins sommaire : elles portent une couverture de laine aux vives couleurs, qu'elles passent sous le bras gauche et ramènent sur l'épaule droite, laissant le haut du corps à découvert. Elles n'ont la grâce et la beauté que dans la première jeunesse, et elles vieillissent avant l'âge, à cause des rudes travaux dont leurs maris se déchargent sur elles, et comme elles ont l'habitude de porter leur nourrisson sur le dos, on les voit souvent rejeter leurs seins déformés par-dessus leur épaule pour allaiter leur progéniture. Les hommes affectionnent autant que les femmes les colliers de perles et les bracelets de métal; ils ont la singulière habitude de se perforer le lobe de l'oreille d'une large ouverture dans laquelle ils passent un roseau creux leur servant de tabatière ; dans leur épaisse toison chevelue, ils placent, comme dans un magasin portatif, toutes sortes d'objets disparates, des bâtons pointus, des cuillers en ivoire, de petites vessies gonflées d'air, et mille autres futilités dont eux seuls connaissent les usages compliqués. Rien de plus varié que leurs coiffures : l'un s'enduit les cheveux de beurre, un autre se les teint avec de la terre rouge, celui-ci les tresse en cordelettes, celui-là les dispose en forme de casque, de mitre ou de quelque autre édifice bizarre. Il faudrait beaucoup de temps pour décrire consciencieusement tous les genres de coiffures artistiques auxquelles se prêtent les têtes zouloues.

VI

Me voici de retour au Natal.

Situé sous un courant équatorial, Durban a des chaleurs torrides, même en hiver, et pendant les heures de soleil la température y est plus élevée qu'en Europe au cœur de l'été. Imitant les Anglais, qui, pour fuir les chaleurs de la ville, recherchent les frais ombrages de la Berea, j'ai quitté le *Royal Hôtel* pour aller m'installer à la campagne et jouir de l'air pur et élastique des plateaux. J'avais songé d'abord à m'établir à Pinetown, joli village situé à une demi-heure de chemin de fer, sur une hauteur qui jouit d'une grande réputation de salubrité. Ses habitants se vantent de ce que depuis douze ans on n'y a pas enterré un homme. Je n'ose garantir l'exactitude du fait, mais ce qui est authentique, c'est le mot d'un habitant de la colonie rivale — un *Cape colonist* — qui répliquait sans s'émouvoir qu'il y avait chez lui un village tellement salubre qu'on avait dû tuer un homme pour inaugurer le cimetière. C'est dans les environs de Pinetown que des Trappistes autrichiens ont fondé le célèbre monastère de Marianhill, où, à côté des ateliers où ils initient les noirs aux différents métiers agricoles, ils ont établi des écoles pour l'instruction des enfants indigènes. Ces religieux jouissent ici, dans cette colonie protestante, d'autant de liberté que de considération et de bienveillance, et c'est un témoignage à rendre au génie pratique des Anglais qu'ils comprennent la bienfaisante influence de l'élément religieux sur la prospérité de leurs colonies.

J'ai donc pris le train pour Pinetown. Le charmant voyage! A peine a-t-on quitté la gare de Durban, qu'on s'engage au milieu des verts coteaux de la Berea semés de blanches villas. Puis, voici les villages de la banlieue de Durban, dont les jolis noms indigènes sonnent à l'italienne : Congella, assise au bord de la baie intérieure, village de coolies avec sa petite mosquée hindoue; Oumbilo, où la voie commence sa rude ascension vers le plateau, à travers les bouquets de bambous, les palmiers et les fougères arborescentes. Les courbes succèdent aux courbes, et comme il n'y a point d'alignements droits de l'une à l'autre, il en résulte des chocs brusques et inattendus. Le paysage a un tout autre aspect qu'aux environs de Cape-Town. Au cap de Bonne-Espérance, c'est une nature austère, qui fronce le sourcil; ici, c'est une nature douce et bienveillante, attrayante comme un sourire de jeune fille; à perte de vue, ce sont des collines et des vallées pleines de verdure et de soleil, avec des cultures d'ananas, de cannes à sucre, de bananiers, de caféiers. Nous sommes en hiver, et cependant les orangers et les citronniers sont chargés de leurs fruits d'or. Un vrai jardin des Hespérides! Et à chaque station, à l'ombre des lauriers-roses, des coolies aux costumes multicolores et de pittoresques groupes d'hommes et de femmes indigènes, vêtus tout simplement de colliers et de ceintures de perles. J'achète à une Indienne, pour six sous, un ananas et une douzaine de bananes. Les oranges coûtent quatre sous le cent!

J'arrive enfin à Pinetown, ainsi nommée en l'honneur d'un gouverneur de la colonie qui s'appelait Pine. Comme le village est entouré de cultures d'ananas (pine-apple), on peut traduire aussi « la ville des ananas ». J'avise, tout près de la gare, l'Imperial

Hôtel, mais on refuse de m'y recevoir, parce qu'il n'y a plus de place, *No room, sir !* De là on m'envoie à une pension, et ici encore, *No room, sir !* Je retourne assez penaud à la gare, avec l'intention de regagner Durban, quand le chef de station m'apprend qu'il y a un excellent hôtel à Northdene, la station prochaine. J'ai trouvé là en effet, à trois quarts d'heure de Durban, un hôtel-villa situé dans un parc séculaire, où de grands eucalyptus, de nobles magnolias et des lauriers-camphriers distribuent leur ombre, leur fraîcheur et leurs parfums ; où des orangers, des citronniers et des bananiers plient sous le poids de leurs fruits.

C'est dans cette adorable solitude que j'ai passé les derniers jours de mon séjour en Afrique australe, faisant de délicieuses promenades matinales dans le parc avant de prendre le train de Durban, puis, au retour de la ville, allant rêver, au coucher du soleil, dans une sauvage vallée voisine au fond de laquelle coule un clair torrent sous une luxuriante voûte de verdure. On y descend par un sentier de bestiaux frayé à travers une forêt vierge peuplée de mille oiseaux dont les cris bizarres et inconnus frappent l'oreille par leur nouveauté : il en est un qui imite à s'y méprendre le glou-glou d'une bouteille. Plus d'une fois je me suis rencontré sur ce sentier avec un majestueux troupeau de bœufs sortant d'un kraal voisin et allant s'abreuver à la rivière à la chute du jour. Quelle admirable scène pastorale dans ce splendide cadre africain !

Un jour le télégraphe m'appela à Durban. Le paquebot sur lequel je voulais m'embarquer pour l'île Maurice était signalé, et l'heure était venue de dire adieu à l'Afrique australe.

Jules LECLERCQ

GUERRIERS ZOULOUS

www.ingramcontent.com/pod-product-compliance
Lightning Source LLC
Chambersburg PA
CBHW070448080426
42451CB00025B/2019